La Navidad

Reflexiones a través de los años

Mario Ramos-Reyes

En Route Books & Media, LLC

Saint Louis, MO

⊛ENROUTE

Make the time

En Route Books and Media, LLC

5705 Rhodes Avenue

St. Louis, MO 63109

Contáctenos en contactus@enroutebooksandmedia.com

Primera edición: diciembre de 2024

ISBN: 979-8-88870-301-4 and 979-8-88870-302-1

Número de control de la Biblioteca del Congreso:

Disponible en https://loc.catalog.gov

Corrección y diseño de tapa: Tu libro

(www.tulibropy.com)

Fotografía de tapa: www.freepik.es

A María, «la mesa intelectual de la fe»
—como la llamó Juan Pablo II—,
la que encarnó al Logos y,
con su sí, afirmó la realidad,
el principio de la verdadera filosofía.

Índice

A modo de introducción

Estas son unas breves meditaciones sobre la Navidad. Tienen unos destinatarios y un deseo. Los destinatarios son todas aquellas personas que aún esperan que la enseñanza de que el Dios se hizo carne sea real. Que sea cierto que el Infinito vive entre nosotros. A pesar de lo que se observa en nuestro entorno: olvidos, miseria, injusticias, traiciones. Que Él está aquí, como el primer día, caminando a nuestro lado. Como cuando lo hacía con los discípulos en el camino a Emaús. Sus signos, imperceptibles pero reales, están ahí, vivos a nuestra mirada. Es cierto, los hombres mueren y no son dichosos, solía decir Camus. Pero no es menos verdadero que Él nos buscó primero. Y esa es nuestra esperanza.

El deseo es que, precisamente, y perdón por la repetición, los deseos de todas las personas se realicen, se colmen infinitamente. Schopenhauer nos habló del deseo y de nuestra voluntad de saciarlo, aunque siempre resulte insatisfecho. De que no existía ese bien absoluto que podía apagar toda nuestra sed. Y solo queda el pesimismo radical que nos llena de apatía el alma. Pero el deseo del cristiano de bienes, belleza, bondad y justicia se colma al revés. No es solamente que nosotros lo busquemos, sino que Él se nos aparece en un recodo de nuestra historia, y sana nuestras frustraciones, nuestras angustias. Es el misterio de la Navidad. Palabras, palabras, solo palabras, me dirá el lector. Pero si son solamente palabras, ¿acaso no ha cambiado la historia con su Encarnación? ¿No se ha humanizado el mundo? ¿No esperamos acaso el reinado de Cristo, de belleza, de bondad y de amor? Finalmente, ¿acaso no esperamos que nuestros muertos, como anhelaba Gabriel Marcel, vivan con nosotros en el reino de la esperanza?

Durante más de una década, he estado escribiendo una pequeña reflexión sobre la Navidad. Mi punto de partida, el de ese gesto, fue la afirmación del entonces papa Juan Pablo II sobre la Navidad como la fiesta del hombre. Como el momento de autoconciencia del ser humano de su propia identidad. De su dignidad y su grandeza. Una expansión, creo, de aquella afirmación del párrafo 22 del documento *Gaudium et spes* del Concilio Vaticano II sobre la alegría y la esperanza: el misterio del hombre solo se esclarece en el misterio del Verbo encarnado. La *Gaudium et spes* buscaba una relación armoniosa entre la fe y el mundo, entre la religión cristiana y la actividad humana, sin amenazar la independencia de las búsquedas intelectuales o científicas, es decir, la autonomía temporal.

Hoy, en este mundo de la posverdad y la posmoralidad, el afán de verdad y de bien está en bancarrota. Se impone exclusivamente la mirada económica. Es la sociedad del descarte que advierte el papa Francisco. O del gozo efímero. El resto es una ilusión. Se ha abandonado lo que los griegos llamaban *orexis*, deseos, y nos hemos convertidos en lo contrario, an-oréxicos: sin-deseos, seres para los cuales nada de este mundo es apetecible. La apatía. Pero el ser humano seguirá siendo, nos guste o no, un ser constitutivamente religioso, movido por un deseo de colmar su ser con verdad. Por eso la formación filosófica y espiritual es más urgente que la formación económica. Así, tiene aquí el lector estos escritos que fueron publicados en la prensa, en los diarios *Última Hora* y *La Nación* y también en el desaparecido semanario *El Observador*, que dirigía el padre Aldo Trento.

Con el sí de María, la Virgen, que acepta la Palabra, el Misterio, y es «la mesa intelectual de la fe»—como la llamó Juan Pablo II—, la que encarnó al Logos y, con su *sí*, afirmó la realidad, espero que estas meditaciones sean el principio de la verdadera filosofía de la vida.

Mario Ramos-Reyes
¡Feliz Navidad!
Kansas City, 2024

1

La fiesta del hombre

Quédate con nosotros, Emanuel.

—Juan Pablo II

Mi perspectiva es manifiesta: el criterio de medida de lo ético es la dignidad, el valor de la persona. Se mide el acto moral por el obrar de la persona como tal, por sus frutos y no por su función. Ni por el dinero acumulado. Nada de esto vale al hablar de la dignidad de la persona. Pero hay algo más: el ser humano es digno como ser—dignidad ontológica—, más allá de su conducta, sea buena, mediocre o mala. Así, es tan digno un criminal como una persona decente, pues ambos poseen la dignidad de ser, aunque el primero haya socavado la suya con su conducta. Rebajado su dignidad moral. Aun así, la conserva ontológicamente—por eso tiene derecho a la defensa—, por mucho que lo deshumanizante de su historia nos compela a no respetarlo.

La dignidad no se compra ni se hereda. Aunque aparentemente pueda heredarse lo contrario. La distinción, en algunas legislaciones, entre hijos legítimos e ilegítimos, si bien ha sido una distinción jurídica, siempre ha venido cargada de connotaciones morales, legado de la legislación española, con influencia eclesial. El hijo ilegítimo acarreaba el estigma vergonzante de ser tal; incluso estaba privado de derechos de herencia de bienes o apellidos. Era un «hijo de mala madre», y, como tal, al igual que la madre, sujeto de escarnio.

Esa idea de la dignidad, no obstante, tardó en penetrar en la conciencia no solo de la humanidad sino de la misma Iglesia. Qué duda cabe. Así, mientras fray Antonio de Montesinos (1518), y, más tarde la bula papal *Sublimis Deus* (1537), del papa Pablo III, afirmaban la dignidad de los pueblos originarios de las nuevas tierras, algunos encomenderos los atropellaban en nombre de la Fe. Es que, decía el papa: «Queriendo proveer sobre esto con remedios oportunos, determinamos y declaramos […] que dichos indios, y todas las gentes que en el futuro llegasen al conocimiento de los cristianos, aunque vivan fuera de la fe cristiana, pueden usar, poseer y gozar libre y lícitamente de su libertad y del dominio de sus propiedades, que no deben ser reducidos a servidumbre y que todo lo que se hubiere hecho de otro modo es nulo y sin valor».

Es que la dignidad permanece muchas veces como un ideal abstracto, mera expresión de deseos, sin hacerse carne, sin concretarse. Y aunque las afirmaciones de la dignidad del ser humano como fin en sí mismo y no como medio se formulen de manera explícita a partir del siglo XVIII con Immanuel Kant—nunca uses al otro como medio, sino como fin—, la noción de *persona* ya había sido formulada en la tradición cristiana con San Agustín, Boecio y Santo Tomás.

Es que el anuncio del valor del individuo, de la persona, estalla con Cristo. Es la Encarnación el hecho que hace que el hombre se dé cuenta de su grandeza. Juan Pablo II lo ha repetido centenares de veces durante su pontificado. La Navidad—el Hecho de la Encarnación—es por eso la Fiesta del Hombre. Esta es la ambiciosa pretensión cristiana: que la humanidad cobre una dimensión nueva, la de ser más que meros sujetos políticos, la de ser hijos de un Padre que ama de manera infinita, al punto de dar su vida por cada uno de nosotros. Somos gorriones, en feliz metáfora evangélica, pajarillos que, aunque se vendan por pocas monedas, no son huérfanos sino hijos del Amor que se encarnó entre nosotros en Navidad.

(2006)

2

La espera

Dios no me abandonará jamás.

—Ana Frank

Feliz Navidad y próspero año nuevo es la frase preferida para desear éxitos cada fin de año. Y no podría ser menos. Esa petición, más allá de la mera formalidad, desnuda una inclinación propia de la condición humana. La Navidad renueva nuestra esperanza de vivir en un mundo mejor. Y este año nuevo nos da una nueva oportunidad de hacer las cosas lo mejor que podamos. Y no es para menos. La circunstancia justifica la esperanza. Se inicia un nuevo año y comienza una nueva década, la segunda del tercer milenio. Así, los deseos de éxito y felicidad abundan, como de costumbre.

Nadie, razonablemente, desea algo que no le colme de felicidad, o al menos le toque una pizca de ella. El deseo de felicidad es connatural al ser humano. Nadie se levanta por la mañana para ser miserable. Si termina el día sin éxito, debería examinar los medios a los que recurrió para obtener tal resultado. Qué más se podría esperar; la vuelta de página de un año que en muchos aspectos no ha sido el mejor, o al menos no ha sido así para muchos, hace que la gente quiera algo mejor. Pero si cada año repetimos lo mismo, ¿no será porque no se cumple lo que deseamos? ¿Para qué, entonces, desear nada? Si nada de lo pedido se logra, ¿no sería entonces más razonable una actitud estoica, la del «sufre y abstente»—para no sufrir en balde, como se dice—, pues nada va a cambiar el destino y la suerte humana? ¿Por qué desear algo que no es más que un sueño? ¿Para qué esperar? Esas preguntas son, sin duda, legitimas. Hasta daría la impresión de que el desear un año mejor sería más bien un mero artilugio sicológico para darnos ánimo en un mundo en el que, evidentemente, el afecto por lo humano no es el aspecto dominante.

Dos elementos habría que considerar sobre esa realidad. El primero se refiere a la experiencia humana de las preguntas. La razón de las mismas denota el síntoma íntimo y propio del desarreglo estructural de nuestra humanidad. el de pretender colmar en ese *año que viene* el apetito de plenitud, de gozo, en suma, de felicidad, o, como se dice de manera gráfica, de prosperidad. Pero ello no se da, pues ese mundo mejor realmente no existe, por lo menos en la medida en que impida seguir preguntándonos. Pues si, por el contrario, existiera dicha realidad en nuestra jornada humana, no nos preguntaríamos más. Para qué, si la respuesta estaría ahí, dada, frente a nosotros, experimentada por todos.

Lo que nos lleva al segundo aspecto: el de esa estructura desarreglada de nuestra humanidad, confusa, ansiosa, pues nada humano es perfecto. Está siempre en camino. Tiende a una meta, ansía un final. Quien más, quien menos trabaja con toda energía para llegar a cierta felicidad—estudiamos, trabajamos, hacemos política, escribimos artículos, etc.—, intentando dar un sentido a ese deseo de nuestro corazón. Queremos poner orden en el barullo interior de nuestro ser, pero, como los deseos de fin de año lo demuestran, sin éxito. Y seguimos tratando, haciéndolo, decimos, lo mejor que podemos.

Nuestro límite es que gastamos energía, lo mejor que podemos, en todos los lugares equivocados.

Pretendemos que la cura de la ansiedad, la solución al desajuste, a nuestra herida estructural, nos la dé el trabajo, o la política, o, incluso, el bienestar próspero del entorno social y económico. Y esperamos al año que viene, en el que todo va a ir mejor. Mientras tanto, posponemos o ignoramos, distraemos la mirada del lugar donde la respuesta, realmente, existe. Me refiero a la experiencia religiosa que ancla ese yo desarreglado en Aquel otro que nos hizo. Así, todo lo demás—el sentido de la política, el clima o la depresión—se dará por añadidura.

Esa es la relación con el Misterio que se encarna en la Navidad, que hace que la desproporción de nuestro ser encuentre reposo. Esa es, creo, la verdad del cristianismo como culminación de nuestro yo tambaleante en la certeza del Tú de Cristo que, lamentablemente, demasiada gente, cristianos incluidos, no intuyen. Y tal vez algo de responsabilidad tenemos: la de opacar esa experiencia del Misterio con nuestros miedos, recetas morales, reglas de vida, o distrayéndonos en fiestas o preocupaciones que nos hacen olvidar la meta de nuestro peregrinar. Pero Cristo no es un fantasma, como los discípulos creyeron en el camino a Emaús. Es real. Por eso, el ateísmo práctico es el mayor atropello a nuestra dignidad de seres que preguntan y quieren, es reducir la vida a la apariencia, creyendo que se limita a buenos deseos, cosas y eventos efímeros. El año nuevo no es este o aquel que comienza, es la vida como tal, temporal pero eterna al mismo tiempo. Es el Dios, el Cristo, que ya habita entre nosotros.

(2009)

3

La plenitud del Bien

Todos los valores posibles descansan
en el valor de un Espíritu Infinito
y del mundo de valores presente
a este Espíritu.

—Max Scheler

La Navidad es la fiesta de la plenitud del ser humano. Sabemos que es la conmemoración del nacimiento de Jesús en Belén de Judá. Parece sencillo, directo. Pero dicha conmemoración no recuerda solo algo que pasó, sino que es la consciencia continua del ser humano de ser pleno. ¿Qué tiene que ver eso con la ética? Tiene que ver, y mucho. Si no existe un bien absoluto, entonces las normas de conducta devienen meros acuerdos o consensos relativos a merced del poder, sea del tirano o de la mayoría. Para el caso, es lo mismo. Pero Cristo es precisamente ese absoluto: el Bien que nos afirma algo pleno, más allá de los pareceres o meros caprichos humanos. Por eso, la Navidad es el momento privilegiado de darnos cuenta de nuestro propio ser, de su dignidad y grandeza. Por eso es un festejo de fe y de realidad, piedra de toque de lo que somos como criaturas limitadas.

Reflexionemos un momento sobre las dimensiones de tal fiesta. Primero, la Encarnación—indica el centro de la historia—. La Encarnación de Dios tomando la forma humana es no solo verdad de fe sino hecho histórico. Y dicha historicidad no es mero lirismo, es fáctica, se la puede verificar. Además, es la afirmación de la razón, el *logos* que se hace carne. Juan, Pedro y los demás apóstoles convivieron con ese Logos. Tomás pidió tocarle el costado—como si fuera un científico incrédulo contemporáneo—al Cristo resucitado. Se dio cuenta de que ese Cristo no era una leyenda sino una historia imposible de refutar. Flavio Josefo fue persuadido de su historicidad. Pero seamos sinceros: ¿acaso los profetas fueron parte de un complot para engañar a una humanidad en espera, haciendo *coincidir* sus profecías con lo que vendría después? ¿Isaías o Jeremías, formuladores de conspiraciones mesiánicas?

Segundo. La Navidad también nos recuerda la pasión por el ser humano y su finitud, revela nuestra impotencia, como cuando queremos justicia en nuestra sociedad y todo se resbala de las manos. El Niño Dios nos muestra y nos ofrece la forma de superar esa incapacidad de redimirnos a nosotros mismos. No somos pelagianos. Nadie es bueno por su propio esfuerzo. La dignidad no es cuestión de *status*. Todo es donado. Como Dios Padre entregó a su Hijo. Todo es Gracia, como diría Péguy. Así, para el ser humano que vive el acontecimiento de la Encarnación, el valor de la persona se esclarece: gracias a la Navidad dejamos de ser prometeos vagabundos.

Finalmente, la Navidad es la plenitud del bien. Y, por eso mismo, de la ética. Cristo se encarna para discernir el sentido último del bien del mal. Es que sin verdad no hay dicho discernimiento. Y Cristo es la verdad. No quiere decir esto que el ser humano no haya sido capaz de elaborar sistemas éticos previamente. Lo fue, y lo hizo bien con las solas luces de la razón. Pero no fue suficiente. Aristóteles mismo, al final de su *Etica Nicomaquea*, nos habla de la felicidad completa como algo que echa de menos.

No alcanzaba la plenitud. Es que sin la Navidad no hay fiesta última para el ser humano.

Pero la felicidad de esta fiesta—Dios con nosotros—no limita nuestra libertad. La dificultad de la vida humana aún permanece entre nosotros. Como los Reyes Magos que lo visitaron siguiendo la estrella de la Anunciación, pero volvieron por otro camino por temor a las represalias de Herodes, nosotros también debemos sortear los peligros, denunciarlos, cuando anunciamos el nuevo camino hacia la plenitud de la fiesta humana. De ahí surge el compromiso de ser solidarios en la construcción de una sociedad mejor que, gracias a la Navidad—Cristo encarnado—, puede convertirse en algo más que mera política: deviene gratuidad de vida, gracia de dar la vida por los amigos.

(2010)

4

La des-Encarnación

Y el Verbo se hizo carne y habitó entre nosotros lleno
de gracia y de verdad; y vimos su gloria, gloria como
del unigénito del Padre.

—Juan 1:14

La fiesta de la Navidad está de nuevo entre nosotros. Y, como tal, parece una fiesta más de las muchas que gozamos, incluidas las de connotación religiosa cristiana. Fijémonos, por ejemplo, cómo las actividades de esparcimiento son las mismas, cómo los modos de diversión son parecidos. Es que la cuestión, aparentemente, es tener un paréntesis en la historia de nuestra ajetreada vida para disfrutar y huir de las dificultades de la misma.

Por un lado, ciertamente, una fiesta es precisamente eso; un alto, un momento de cierta ruptura entre dos periodos de preocupaciones. La fiesta, la Navidad como fiesta, parece cumplir, también, esa función. Un momento de euforia entre dos de ansiedad, preocupación, incertidumbre. Un tiempo, en fin, de querer olvidarnos de nosotros mismos y nuestras cuitas interiores. Es que los seres humanos somos, al fin y al cabo, problemas vivientes, en el tiempo de nuestras vidas, tiempo de crisis incesantes y que exigen confrontarlas con una celeridad inmediata. De ahí que no deba extrañar la intención de la mayoría de la gente de pasarlo lo mejor posible, sin tomarse demasiado en serio el pensar en qué es aquello que se está celebrando.

Pero, por otro lado, dicha forma de vida y de experiencia es llamativa por lo poco o casi nada que capta y experimenta sobre la Navidad. Y ello es aún más preocupante en los que nos llamamos cristianos. La Navidad pareciera una fiesta más, una reunión donde se festeja, sin que tenga nada que ver con la Encarnación. Es un encuentro desencarnado. Nuestra alegría de recibir al Dios que se hace hombre y nos salva de la muerte se ignora o no se comprende, y el momento se torna excusa para tomarnos unas vacaciones o beber hasta el cansancio o irnos de viaje. Total, la vida es breve, y entonces, ¿por qué esperar?

Es, me temo, un mal grave entre aquellos que nos llamamos cristianos: el de reducir a Cristo a un

maestro de moralidad, maestro bueno, ejemplar—
como Buda o Confucio o Sócrates—, pero nada
más. Celebrar su cumpleaños no tiene otro sentido
que darnos un tiempo para abrir un paréntesis en
nuestra vida, o la distracción, los viajes. Concebi-
mos, así, la Encarnación como si fuera un hecho
histórico, como otros hechos religiosos tal vez, o
bien—perdóneseme que insista—, como nuestros
cumpleaños, sin darnos cuenta de la centralidad de
la irrupción de Dios en la historia, la de su Presencia, de aquel que desde hace dos mil años está entre
nosotros. Esa es la Navidad. No hay espera de felicidad sin esta espera, mucho menos esperanza. Por
eso esperamos su venida como algo grande que nos
trae, precisamente, la felicidad de la salvación, la
Buena Nueva, la vida, aquella que nos da la certeza
de que no vamos a morir jamás.

Esa era la forma en que los profetas de Israel ya
celebraban al que había de venir y lo esperaban con
ansiedad y gozo anticipado. Es lo que el profeta Miqueas expresaba cuando decía: «En cuanto a ti, Belén, pequeña de los clanes de Judá, de ti saldrá un
gobernante de Israel» (Miq. 5:2); y también Isaías:
«...una virgen tendrá un hijo al que pondrá por

nombre Emanuel» (Is. 7:14), y todo ello ocurría sie-
te siglos antes de Cristo. Y por eso fue justificada la
exclamación de gozo inmensa del anciano Simeón
que llevaba años esperando la noticia del Salvador y
que, cuando se enteró de su cumplimiento, dijo que
podía morir con alegría y en paz, pues la promesa
del Salvador para todos los hombres se había cumplido (Lc. 2:29).

La nuestra es una Navidad sin la Encarnación:
Cristo sin afectar a nuestra historia. Un Cristo que
no tiene que ver con la cultura o con nuestra vida o
nuestra política o nuestra economía más que de
nombre. Celebramos algo que no creemos íntimamente que se relacione con nuestra felicidad. Nos
olvidamos así de la realidad de nuestro mundo y de
nosotros mismos; de que nuestra vida es donada y
de que, como tal, como pedía nostálgicamente el
gran Unamuno, solo se colma con regalos; algo que
viene de sorpresa. Y ese regalo que colma el deseo
de infinito del corazón humano es Dios, que se hizo
hombre, precisamente, en Belén, en un acto de mi-
sericordia y de amor infinito.

(2012)

5

La permanencia de la Navidad

¡Qué grande eres, mi Dios! Eres tan grande
que no eres sino Idea; es muy angosta
la realidad por mucho que se expande
para abarcarte…

—Miguel de Unamuno

Los seres humanos no somos espejos de la realidad, sino que la interpretamos, le damos nuestra mirada. Si lo fuéramos, toda la realidad sería vista como idéntica por todos. Ese sería un resabio de mal gusto del positivismo. Pero no es así. Nuestra libertad es tal que permite esa ojeada hacia las cosas por la que unos ven una realidad y otros, otra. El filtro de nuestra precompresión, dirían los hermeneutas, tiñe las cosas. De ahí que pretender una suerte de neutralidad en donde todo se pueda conocer de una vez para siempre—el gran sueño del racionalismo ilustrado—sea una ilusión. Como es una quimera ese anhelo, a veces insoportable, de algunos cristianos que critican a otros que no vean lo que a ellos les parece obvio.

Es que los seres humanos no somos meros espejos de la realidad.

Por eso, nuestra perspectiva sobre la realidad, sobre el mundo y sobre Dios exige que alguien aclare, explique y, por sobre todo, se presente como testigo. Y ese alguien es un ser humano con una historia, con un modo de ser persona, con un mundo interior y una subjetividad donde experimenta lo que vive y es consciente de la realidad. Esa es la perspectiva cristiana, una experiencia vivencial y concreta de lo que testimoniamos de las cosas.

Por eso es apropiado afirmar que, si no somos espejos, sí somos testigos de la realidad, testigos que vemos los que otros no ven. Pero esa posibilidad de ver en la realidad los signos del Misterio no es fruto de un presunto talento, superioridad o capacidad inusitada, sino un regalo, una Gracia. Esa es la fe, que viene de lo Alto y mueve nuestra persona. Ese es, creo, el significado de la Navidad que permanece. La realidad del Misterio de Dios, que, secretamente, mueve la experiencia de la persona y le muestra los vestigios, de manera discreta, de la Presencia de Dios.

Más de un lector, seguramente, se sonreirá incrédulo ante semejantes afirmaciones. O invocará alguna objeción burlona. Y no dejará de tener razón, tal vez, en sostener que ese Dios cristiano está silencioso. ¿Creer en la felicidad dada por un Dios impasible? Cruel silencio, frente al sufrimiento gratuito de los inocentes. No hay vuelta que darle: el mal y la miseria morales que nos rodean y nos agobian hacen incomprensible y hasta inmoral una afirmación de su existencia.

Pero el dato es la realidad del Misterio, que está ahí. Es cierto, no se refleja en todos. No es automático. Insisto, no somos meros espejos. Somos personas con deseos, que quieren, que anhelan. La creencia en la realidad empieza, después de todo, con el deseo de saber, como lo advirtió Aristóteles desde el inicio. Es que la voz de Dios no es evidente, no se oye como si fuéramos una cámara mecánica donde retumba su existencia. Solo se nota su presencia en la apertura del corazón hacia la realidad, apertura que nos provoca interpretar las cosas con una nueva luz, la de la fe.

Creo que ese es el prejuicio del cual no puede deshacerse nuestro mundo: el de pretender que es Dios el que se debe hacer evidente para que el mundo crea. Cuando es, en cambio, uno mismo, nuestro yo, el que debe abrirse al misterio de la realidad para que Él se nos revele. Y, así, la Navidad no permanece. Es una excusa. Nuestra alegría de recibir al Dios que se hace hombre y nos salva de la muerte, entonces, se ignora o no se comprende, y la Navidad se torna excusa para tomarnos unas vacaciones o beber hasta el cansancio o bien partir a un viaje merecido por el cansancio del vivir. Total, la vida es breve, y entonces, ¿por qué esperar?

Pero la Navidad permanece. Y sorprende, pero exige que, como personas, abramos los ojos a su realidad. Así como, justificadamente, con una exclamación de gozo inmenso, sorprendió al anciano Simeón, que llevaba años esperando la noticia del Salvador y que, cuando se enteró de su cumplimiento, dijo que podía morir con alegría y en paz, pues la promesa del Salvador para todos los hombres se había cumplido (Lc. 2:29). Se nos olvida que nuestra vida es donada y que, como tal, como pedía nostálgicamente el gran Unamuno, solo se colma con re-

galos; algo que viene de sorpresa, siempre que este-
mos dispuestos a abrir los ojos.

(2013)

6

El silencio de Dios

Dios no habla, pero todo habla de Dios.

—Julien Green

La Navidad está entre nosotros. Dios, que se hace carne, habita, misteriosamente, entre nosotros. ¿Pero es esto evidente para todos? Muchos amigos me dicen que no. Que esta celebración no deja de ser, viendo las calamidades a nuestro alrededor, más que una piadosa leyenda. O un chiste de mal gusto. No se lo ve a Dios, ni signos de su presencia. Están las cosas, los seres en su irremediable fatalidad. Están los seres humanos, algunos luchando por el bien, otros explotando al prójimo.

Pero nada más.

Esa fue la objeción al Dios cristiano, legitima y dolorosa, del escritor Albert Camus, que, atraído por el cristianismo, no podía entender su silencio, incomprensible silencio, frente al sufrimiento de los inocentes. Es innegable: el mal abreva en miles de formas y nos rodea y nos abruma ahora y a lo largo de la historia con su murmullo ensordecedor que hace que la voz de Dios, si existe, no sea escuchada. ¿Por qué exasperarse, entonces, cuando miles de personas solo esperan que la ciencia les provea las respuestas ante esta realidad?

Dios guarda silencio.

Y así no hay más remedio que buscar la satisfacción de los deseos de justicia y de plenitud, al parecer, en otro lado. Echar mano a nuestra suerte de seres autónomos, libres. Decidir por nosotros mismos. Es que Dios, si existe—como dirían algunos agnósticos—, se cruza de brazos. No importaría mucho su existencia, pues, en última instancia, nada cambiaria. Lo que se necesita, me dicen, son líderes, hombres y mujeres que hagan el cambio, que transformen la realidad, que sepulten la injusticia. Ciudadanos que sean, en una palabra, los héroes y heroínas de un mundo donde el cielo parece estar vacío. O callado.

Dios, después de todo, guarda silencio.

Pero ¿acaso Dios, el Cristo, no ha sido siempre así? ¿No es esa, precisamente, su fuerza? La Navidad celebra su nacimiento, pero ¿acaso su muerte fue

diferente? ¿Un Dios que muere y se siente abandonado por todos? Y lo hace en silencio; no responde a
las burlas, comprende y perdona. ¿Qué clase de to-
dopoderoso es ese?

«Por Dios—me espetó un amigo, fastidiado de
ese silencio—, no me vengas con cuentos, pues por
lo menos Sócrates, Buda, Gandhi y otros, muchos
revolucionarios, no pretendieron ser dioses y a pesar de eso inspiraron, cambiaron, hicieron el mundo
mejor». No hay duda de que el sigilo divino parece
abrumador. Pero ese silencio muestra la visibilidad
de Dios. Muestra su Presencia. Silenciosa presencia.

Dios nace en un pesebre: no impone su divini-
dad de manera espectacular. Dios recorre Palestina,
y no como un patricio romano: no llama a los sabios
y los perfectos sino a los pecadores. No impone un
culto secreto ni exige un liderazgo político: solo
quiere una compañía. No busca prosélitos sino amigos. Su sigilo, en distintos momentos, causa extra-
ñeza y perplejidad en sus discípulos.

Ese silencio es precisamente una muestra de dis-
creción divina; la de los signos que deben verse sin
coerción. No fuerza a nadie a creer. El silencio de
Dios es su grandeza y lo hace creíble: es el respeto a

lo más sagrado y profundo que hay en nosotros: nuestra libertad.

Dios guarda silencio porque ama nuestra humanidad libre.

¿Exagero? Basta leer calladamente lo que Jesús les dice a aquellos que se escandalizan de oír que deben comer su carne: «¿Cómo puede este darnos a comer su carne?» (Jn. 6:52). La mayoría se va. ¡Cómo no irse! ¿Comer carne humana? ¿Canibalismo? Eso es muy duro de escuchar. Jesús no les obliga a quedarse, ni se justifica, ni les ruega que no lo abandonen; solo atina a repreguntar a sus doce: «¿También ustedes quieren irse?» (Jn. 6:67).

Dios, el Cristo, respeta la libertad de su círculo íntimo, deja en sus manos, y en las nuestras, el darnos cuenta de sus signos. No pretende invadir nuestro espacio y transformar la realidad mágicamente. Para eso están nuestra ciencia, y nuestra política, y nuestra filosofía. Solo quiere que sepamos que con Él ese esfuerzo no será eficiente, pero tendrá frutos. Quiere que su ayuda—gratuita—aparezca solo si le damos la bienvenida. La gracia no cambia, sino que solo perfecciona nuestra naturaleza.

Ama nuestra libertad. Por eso su silencio. Eso es Amor.

Parece que nos deja solos—ciertamente—, y es una soledad y un silencio que nos dejan perplejos. Algunos contemporáneos quieren que Dios tome las riendas y ejerza como una suerte de dictadura de justicia y solucione todos los problemas. Muchos ateos, como Camus, tienen razón: Dios no dice nada, pero yerran en que, precisamente, su silencio muestra respeto hacia el ser humano, respeto por la libertad de Camus y de Sartre o la del recientemente fallecido ateo angloestadounidense Christopher Hitchens. Hitchens decía que se debía ser ateo para ser feliz, pues el ateo es libre. Y para así poder luchar contra la injusticia, incluso la de aquellos que cometen actos de maldad dentro de la Iglesia. No cabe duda. ¿Pero no son, precisamente, esa felicidad y esa libertad, destellos del Misterio, las que, en última instancia, nos muestran el rostro de Dios, provocándonos para que, con Él, tengamos plenitud?

Si Camus y Sartre y Comte y Hitchens fueron felices y lucharon por la justicia, fue porque Dios respetó, justamente, su libertad. Guardó silencio. Tal vez los ciegos de nuestro tiempo no ven porque los cristianos, a menudo, velamos el rostro de Dios y el de Cristo y hacemos del cristianismo una moral insoportable y no el encuentro con una Presencia que nos hace libres y nos colma con su plenitud.

Por eso, la Navidad es la fiesta del hombre.

Es la mía y la de todos, la tuya, amigo lector. Esa era la esperanza del pueblo de Israel, zarandeado y dominado por imperios y tiranos. Es lo que profeta Miqueas expresaba cuando decía: «En cuanto a ti, Belén, pequeña de los clanes de Judá, de ti saldrá un gobernante de Israel» (Miq. 5:2). Es lo que el anciano Simeón esperó durante años y que, cuando se enteró de su cumplimiento, dijo que ya podía morir con alegría y en paz, pues la promesa del Salvador para todos los hombres se había cumplido (Lc. 2:29).

Miqueas vio antes. Simeón vio siendo casi ciego. Pero ambos se daban cuenta de su Presencia en la realidad concreta de las cosas. La Navidad es la celebración del ser humano y su libertad para ver. Es el cumpleaños de Cristo, el Dios que se dona a sí mismo por amor. Ese es su silencio: el de alguien que deja regalos y guarda silencio. Somos nosotros quienes debemos preguntarnos: ¿acaso el mismo

Cristo no es el más torturado de la historia? Sufrió, se entregó por todos y, sin embargo, guardó silencio. ¿Se puede encontrar un amor más grande que ese?

(2015)

7

La paradoja

El cristiano no es mejor que otros,
solo comunica al que lo encontró una paradoja:
Dios y hombre verdadero.

—Luigi Giussani

A la fe cristiana no se la puede captar en un concepto. Ni en un juicio o un razonamiento. Son insuficientes. Y, por lo mismo, no se reduce a un discurso moral, por elocuente que pudiere ser el predicador. Menos aún se piense que es mero relato. Estas afirmaciones, para muchos cristianos formados en la racionalidad de lo moderno, como también para los fieles de la irracionalidad de lo posmoderno, pueden sonar a puro palabrerío. La fe es un sentimiento subjetivo y es acerca de la moral—protestarán. Pero pensemos un momento. La soledad, el dolor, la enfermedad, la muerte han sido experiencias concretas este año. ¿Cómo podría sonar racional el cristianismo a alguien que ha perdido seres queridos, y ni siquiera le ha sido permitido sentir a sus muertos? Lo racional sería, por el contrario, rumiar que el cristianismo se ha agotado. Aquello de que la fe se consigue con ideas claras, o con prácticas piadosas, o pensando correctamente los conceptos, no sería de mucha ayuda. Podría enredarlo todo más.

Además, en estas circunstancias no se siente que Dios acompañe. No hay mucho consuelo. El sentirse bien—psicológica, espiritualmente—, esa función terapéutica del cristianismo incluso si estamos confinados, aislados o enfermos, tampoco parece haber resultado mucho. Esta queja posmoderna, sin duda, parece herir una cuerda en la sinfonía de la realidad cuya partitura no compone una melodía de esperanza. Y entonces, ¿qué es lo que esperamos este Adviento, cuando ni la racionalidad ni los sentimientos revelan nada?

«¡Explíqueme, profesor, demuéstreme a Dios!», oí decir recién a un amigo. ¿Qué hay más allá de la muerte? ¿Es la muerte el final? ¿Hay algo más allá del universo?

Lo primero a lo que nuestra razón recurre es a sí misma, la lógica. Pide cuentas al destino. Clama No se puede escapar al inherente sentido religioso. Dios es la eterna pregunta, aunque—advierten muchos— no creen en Él. O no pueden. Es la actitud, comprensible, de la persona moderna, marcada por una racionalidad instrumental. Es el *pienso, luego existo* cartesiano.

La razón deviene la herramienta exclusiva para dar cuenta de las cosas. Medirlas, pesarlas, describirlas. Claro, topándose con lo intangible divino, no sirve de mucho. O, si lo hace, muestra el más acá, el universo. Es el esfuerzo inútil, en la tradición ilustrada, de Kant a Hegel, de explicar racionalmente a Dios. Es la ambición, también de muchos cristianos, de «probar» su existencia. Pero ese Dios como un objeto—cosa en sí, esencia eterna—se resbala de la lógica de la razón. El ser humano busca, pregunta, y quiere abrir la puerta de la realidad última con la llave equivocada: reducirlo todo a pura lógica.

Y, así, la reacción contraria no podría ser más reveladora, hasta lúcida. De qué racionalidad se podría hablar si, mirando alrededor, solo nos topamos con sinsentidos. La gente se está muriendo, hay desempleo, miseria. Díganle a su dios que pare la pandemia—se quejaba hace un tiempo un conocido periodista—. La palabra *absurdo*, aquí, es más que oportuna. El *absurdo—ab, surdus*—es la imposibilidad de escucha. Alguien, que debería evitar ese sinsentido, guarda un insoportable silencio. No se lo siente. Luego, no existe.

¿Cómo es que un Dios omnipotente y justo permite el dolor y la muerte de inocentes? «Usted sabe que era inocente», exclama, apesadumbrado, el Dr. Rieux, protagonista de *La peste,* de Camus. Ninguna explicación del hecho de la muerte del hijo del juez Othon tiene sentido. Si Dios existiera y estuviera compuesto de los atributos divinos— omnipotencia, bondad, providencia—, tendría que poner coto a los padecimientos de los pobres. Se pueden contar las historias que se quieran, pero, a la larga, el desenlace termina en lo mismo, el absurdo. El racionalismo moderno o la sinrazón posmoderna no captan ni agotan toda la realidad. La fe no es un acto de la inteligencia de la persona que entiende, ni un sentimiento de la persona que ve, sino—como lo subraya Kierkegaard—una pasión de la existencia. Pasión, pues es un compromiso con el drama de lo humano. Pasión, pues no quita el dolor, la fatiga, la tristeza, el sufrimiento, sino que los asume. Pasión,

finalmente, pues abraza lo contradictorio, lo para-
dójico, la afirmación y el afecto de Alguien que pretende ser infinito y finito al mismo tiempo. ¿Pero
cómo creer en ese Misterio que rebasa la razón?
Como Abraham, en silencio, callado, como él se
guardó frente a Sara y frente a su hijo acerca de lo
absurdo que se le había mandado. Abraham se man-
tuvo fiel, confiado en la promesa. Pero ¿cómo encontrar una certeza así?

Con la sola razón, es imposible. Solo percibien-
do lo absurdo, también. El Misterio *actúa* al revés.
Él es el que viene a nuestro encuentro. Lo Infinito se
hace finito, vulnerable, dependiente, ajeno a todo
poder del mundo, y nos encuentra en un recodo del
camino, y nos llama por nuestro nombre. Es la Navidad. Irrumpe en nuestra historia particular y concreta, sin condiciones, y nos pide, a menudo, abra-
zar, apasionadamente, lo aparentemente absurdo,
como se lo pidió a Abraham. Es la respuesta de la fe.
Entonces, ¿para qué tanta apologética, o teología, o
filosofía? No lo sé. Cada uno es una historia singular, diferente, pero, como subraya Kierkegaard, dos
cosas se pueden colegir de ese revelarse del Misterio
a nosotros. Lo primero, la falta de silencio que im-

pide la atención de ese regalo sorpresivo. ¿Cuántas veces el rostro del Misterio se habrá topado con nosotros sin que nos diéramos cuenta por estar en el barullo de las cosas? Y lo segundo, nuestro añejo prejuicio: aún creemos que Cristo es igual a Sócrates. Y que solo cabe pensar, recordar, leer un libro doctrinal para encontrarlo. Que la fe, apasionada, requiere esfuerzo, es mérito nuestro. ¿Triunfalismo cristiano? Nada de eso. Agradecimiento. Dios se hace hombre y habita entre nosotros. Es la Navidad.

(2016)

8

La cháchara ideológica

Pero allí donde está el peligro,
allí también crece lo que salva.

—Friedrich Hölderlin

«Me estoy poniendo viejo y no sé si me estoy arrimando a Dios, o no. No soy creyente […] Dentro de mi corazón todavía no puedo o no sé creer», dicen que dijo el presidente Mujica de Uruguay para justificar su asistencia a una misa para rezar por la salud del presidente Chávez. Mujica, no creyente, ha participado del misterio de la misa por solidaridad con el presidente venezolano. Al leer sus declaraciones, confieso que me vino a la memoria Unamuno, quien, en *La oración del ateo*, parece coincidir con el viejo tupamaro: «Oye mi ruego Tú, Dios que no existes, / y en tu nada recoge estas mis quejas, / Tú que a los pobres hombres nunca dejas / sin consuelo de engaño…».

Mujica, como el filósofo español, parece que quiere creer, pero no cree. O tal vez cree, pero no sabe que cree. ¿Es acaso de la opinión de que Dios—el Dios de Jesucristo—es un objeto? La realidad—esa gran pedagoga—de la muerte, que merodea con terquedad el palacio de Miraflores en estos momentos, ha desatado su aguijón y provocado, al parecer, en él la pregunta. ¿Puede acaso ese consuelo que dice Unamuno quedar sin respuesta?

Es que es tan penoso que Dios no exista... y, sin embargo, la ideología en momentos como este—como toda secta de escépticos, al decir de Aristóteles—enmudece. Sin la mirada hacia una vida que no quede destruida por la muerte, la misma existencia aparece forzosamente como pueril y absurda.

Pero superar prejuicios no es cosa sencilla. Y, sobre todo, superar los ideológicos. Es que la ideología, como una forma de vida, se hace en nosotros una segunda naturaleza. Sí, eso mismo que lee el paciente lector: la ideología—eso que vivimos sin preguntarnos siquiera de dónde nos viene—, que abrazamos con gusto como si fuera nuestra piel, como si fuera la misma realidad. Pero no lo es. O de eso nos damos cuenta solo en momentos críticos. Es como despertarse de un sueño. Mientras tanto, seguimos dando rienda suelta a la cháchara ideológica, vacía, autocomplaciente, las más de las veces grandilocuente, que oculta nuestro verdadero destino.

La ideología, como todo fruto del deseo humano, y quizás del más íntimo, el de pretender controlar las cosas y cambiarlas y hacerlas a nuestra imagen y voluntad, se desvanece. Es como querer doblar las cosas, como si la realidad fuera de goma. Pero es una ilusión. Basta leer a algunos corifeos del materialismo para ver hasta dónde el apegarse a la tierra puede conducir a negar la realidad. Feuerbach, aquel materialista a quien Marx tenía tanta estima, nos decía que, para el que cree en una vida celestial, la vida pierde todo su valor. Es que la fe en esa otra vida—remarcaba—es justamente una fe en la nulidad y miseria de esta.

Pero esa cháchara no es, y lo sabemos íntimamente, reconfortante, pues las cosas ocurren al revés: es la muerte la que da sentido a la vida. No hay experiencia humana, y menos la de la muerte—insistimos—, que tenga un sentido claro, pristiño. Y aun así la muerte es demasiado fuerte para enfrentarse a ella. Parece que los seres humanos—decía el poeta T. S. Eliot—no podemos sobrellevar la brutalidad de tanta realidad. El fracaso, la abrasadora presencia del mal, nos agobia.

El ser humano no vive solo de economía o de política o de deportes. Esas son condiciones necesarias, pero no suficientes. La grandilocuencia y la verborrea propagandística de la politiquería—o de cualquier otra ideología—falsifican la realidad de las cosas. Y nos aturden como la belleza banal de un Open Mall donde se ofrecen, mintiendo, todas esas cosas que dicen hacernos felices. Es la cháchara ideológica que no tiene nada que decirnos cuando realmente tenemos una necesidad. La ideología nos engaña y nos lleva a vivir una vida extraña o, como dirían algunos filósofos biempensantes, alienada.

De ahí el gran peligro que todos enfrentamos, la distracción de un mundo donde la economía o la política o los deportes nos hacen, a menudo, olvidar, sepultándola en una masa impersonal, la realidad humana. El peligro de vivir una vida que no es la nuestra, o que al menos no es la definitiva. Y ahí, creo, está, el desliz de la incredulidad de Mujica, y también de Unamuno: ese Dios no es algo a quien uno se avecina y al cual se busca. Es lo contrario: es Dios el que se arrimó y se arrima a nosotros. Es Él el que vino y viene a nuestro encuentro. Es Él el que nos ha encontrado. Dios es ese Misterio que habita y sostiene las cosas y se esconde discretamente y se revela en signos de nuestra vida.

Por eso la cháchara ideológica no tiene nada que festejar en Navidad.

Es la Encarnación, eso que solamente la neblina ideológica nos impide, a veces, reconocer. Este momento límite, el de Chávez, es el de todos, es la realidad cuya plenitud de sentido Dios nos reveló en la Encarnación de sí mismo en Cristo.

(2021)

9

El Dios muerto

*Los cristianos más serios siempre
han estado bien dispuestos hacia mí.*

—Friedrich Nietzsche

Para muchos, este título parecerá, cuando menos, una exageración, un exabrupto. Tal vez una impiedad. Poner juntos a Nietzsche—el autor de *El Anticristo*—y la celebración del nacimiento de Jesús, el Cristo, es ir demasiado lejos. Quizás no. En estos tiempos posmodernos, donde todo se tergiversa y manipula y se invoca al mismo Nietzsche como responsable, es saludable examinar, siquiera brevemente, un aspecto vital del filósofo de Basilea.

Reparemos en esto: Nietzsche no solamente afirmó que «Dios está muerto» sino que también, y al mismo tiempo, aseguraba que solo existió un cristiano digno de tal nombre: Jesús. Pero que, lamentablemente, murió en la cruz. Su crítica a la modernidad racionalista de su tiempo—falsamente atea, según él—coincide hoy con nuestra era científica-tecno-algorítmica, que presume la inutilidad de la belleza y las humanidades. La pluma de Nietzsche es, tal vez a pesar suyo—sobre todo en algunos de sus escritos de juventud—, como la voz de un Jeremías quejándose de la hipocresía y la pobreza de los intelectuales modernos. Con democracias liberales embriagadas de tecnología y ciencia—no importa si desarrolladas o emergentes, ambas creen en esos mismos cielos—, traer a cuento algunas jeremiadas nietzscheanas es una manera, paradójica, de saber qué se celebra realmente en Navidad. Fue el gran teólogo suizo Hans Urs von Balthasar, después de todo, el que dijo que, si se quiere saber lo que es ser cristiano, hay que prestarle atención a Nietzsche. Las ideas que siguen son modestas, pero ejemplares, y me sentiré agradecido de que el lector les ponga un mínimo de atención.

—Todo es cerebro—me decía con certeza triunfalista un amigo, ilustre jurista, hace un tiempo—. Todo. Como la norma legal que subsume todo el derecho. Nada escapa al mundo de lo sensible, de lo empírico. El resto es fantasía.

—Y cuando miras a los ojos a tus hijos—atiné a replicar—, ese amor, ¿es también producto de meras reacciones químicas?

—Ese es otro tema—me cortó, fastidiado. Y cambió de tema.

Nietzsche llamaba, a la postura de mi amigo, esnobismo, cursilería y, sobre todo, superficialidad. Era el espíritu de época (*Zeitgeist*) de su siglo. Como lo es del nuestro. Fue la moda introducida por los desacralizadores del cristianismo de inicios del siglo XIX. Historiadores como David Strauss, que reducían todo el hecho religioso a historia. El Cristo era mera sublimación inventada por los discípulos, aunque el Jesús histórico fuera real. Esa nueva fe, como aseguraba Strauss, daba apertura a un nuevo cielo: el del control de la realidad por la racionalidad instrumental, empírica. Entronizando, «vestido en un traje peludo de nuestros genealogistas simios», a un nuevo dios, Darwin, el creador de la fe nueva. Todo eso era un gran engaño, una treta para incautos y temerosos. Ante la fantasía de la antigua fe, se instala una credulidad incondicionada por los postulados de la nueva fe: la ciencia. La vida social, moral, económica no escapará a esa actitud. Una vida, individual y social—controlada, racionalista y atea—, así, será una vida justa y feliz.

Para Nietzsche, ese racionalismo es un falso ateísmo. Es mera sustitución de una creencia por otra. Un canje engañoso. Él no acepta edulcorantes; está más allá de todo. «Lo que nos diferencia no es que no encontramos a Dios—en la naturaleza, o en la historia—, sino que lo que se ha reverenciado como tal no parece dios». Su ateísmo no debe detenerse ante nada. Ni ante la racionalidad moderna, egoísta. Será la pura voluntad que espera un porvenir que aún no se realiza.

Y que asume, en total soledad, la condición de huérfanos a la espera del futuro, en el universo. No la ciencia o los consuelos de la antigua fe. Única postura—dirá Nietzsche—para los fuertes: los que viven alegremente en la nada. Después de todo, hemos matado a dios. De ahí la crítica de Nietzsche al cristianismo de muchos cristianos por haber caído en las garras de un *racionalismo creyente*. Como el de Hegel, Schopenhauer, incluso Pascal. Y el de otros liberales. Una fe *consoladora*, pura emoción y sentimiento, que reduce la complejidad de lo real—como el método científico—a una explicación racional. Es el cristianismo de la resignación, estoico, que no acepta la realidad desnuda: la tragedia humana.

Nietzsche, en esto último, tiene razón. El escritor francés George Bernanos, en su *Diario de un cura rural*, lo muestra con claridad: el hecho de ser cristiano no simplifica, sino que, en muchas situaciones, por más que se invoque la racionalidad, no tiene respuestas. ¿Acaso hay respuestas para una pandemia cruel y despiadada, más allá de consignas piadosas y fatalistas? No siempre todo está en orden ni muy bien. Ahí entra la fe. El cristianismo es un hecho de fe, pero no comienza con el Jesús histórico—como el de Strauss y el de tantos racionalistas hoy—que criticaba Nietzsche. Comienza con un acontecimiento. La iglesia primitiva adoraba a Cristo exaltado a la diestra de Dios. Es pura Gracia.

Esa es la trampa—asumiendo la crítica de Nietzsche—en la que cae también nuestro mundo posmoderno liberal, progresista o conservador. Es lo mismo. Rechaza la religión (pues supone que no lo explica todo, cuando no lo debería hacer) y pretende que la nueva religión científica lo explique todo: desde el amor de un padre a sus hijos hasta cómo ser feliz según las indicaciones irrefutables de un profesor de Harvard. Es la banalización de lo técnico-científico. Los algoritmos como normatividad y control social y político. La hegemonía de ese falso ateísmo que dice Nietzsche, para el cual todo está bajo control—estatal o de conglomerados económicos. Sin lugar para el misterio. Es el advenimiento del transhumanismo.

Nietzsche reacciona contra ese nuevo ateísmo cientificista consolador y arrogante, pero también contra la creencia de que Dios lo explica todo y el ser humano no es nada. Por eso, hay que matar a ese dios—grita—, para que el ser humano haga algo. Su diatriba, en eso, no vislumbra la significación de la Navidad auténtica, pero apunta a asumir—con temor y temblor—el drama de la realidad. Y ahí es donde entra, creo, el misterio de la Navidad. El de un Dios que, sorpresivamente, se encarna, se hace hombre, para posibilitar—con la Gracia—que el ser humano se eleve por encima de sí. Y que nuestra comunidad de pecadores deje—por lo menos a veces—de ser tal. El cristianismo es, por eso, más bien espera—adviento—que búsqueda. ¿Qué le faltó a nuestro atormentado filósofo para esperar? Tal vez una compañía, alguien como su coetánea santa Teresa de Lisieux, quien, como dijera el filósofo francés Xavier Tilliette, era la única que podría haber calmado sus ansiedades tomándolo de la mano. El resto—usando un improperio propio de Nietzsche—será mera «religión de filisteos» (o de burgueses, según Bernanos), de los que creen por utilidad, falsa conciencia o temor. Solo el Amor de la Navidad es creíble.

(2022)

10

El humanismo cristiano

Si ni siquiera puedes limpiar tu propia habitación,
¿quién diablos eres tú para darle consejos al mundo?

— Jordan Peterson

La Navidad es el origen del humanismo cristiano. El Verbo se hace carne y habita entre nosotros. Pocos, hoy, lo recuerdan o lo saben. Acostumbrados al formateo del progresismo o de la charlatanería individualista posmoderna, no se comprende que ese humanismo existe. En el pasado, políticos latinoamericanos—por no mencionar europeos como Konrad Adenauer (1876-1967) o Alcide De Gasperi (1981-1954)—lo invocaban para una democracia integral, más allá de la esquizofrenia de las ideologías extremas. En 1941, el chileno Eduardo Frei Montalva publica su libro *La política y el espíritu*; en 1964, el brasileño Alceu Amoroso Lima, su *¿Revolución, reacción o reforma?*; y en 1984, nuestro Secundino Núñez anuncia su *Situación y crítica ciu-*

dadana, donde muestra una vía media superadora de las antinomias artificiales entre religión y progreso, o tradición y república. Que una auténtica identidad política comprendería tanto la tradición cristiana humanista como la democracia constitucional. La sociedad necesitaría renovar su vida espiritual, social y política, pero en libertad. ¿A qué nos referimos?

El concepto *humanismo cristiano* es un pleonasmo. Una redundancia. Si el Hijo de Dios se transforma en hombre y habita en nosotros, significa que nuestra existencia es inmensa. Nuestra humanidad ha sido, de alguna manera, divinizada. Es un hecho radical. San Pablo dijo que esto fue un escándalo para los judíos y una locura para los gentiles. Con la Encarnación, Cristo revela la dignidad de lo humano. Es el humanismo cristiano. La magnificencia de ese ser singular, la persona, que es un bien, como señaló el papa Wojtyla, y hacia la cual la única actitud adecuada es el amor. De esta manera, contra los ilustrados, no será lo social, ni la masa, ni, menos, el Estado el sujeto de la historia. Ni siquiera la política será la medula, sino la persona. Se trata de la primacía de lo personal, como se lo remarcaba el papa Ratzinger a Habermas hace veinte años. El Estado o la sociedad no son sino agregados de personas. El humanismo cristiano afirma la singularidad de los individuos y sus familias, cuyas acciones combinadas realizan lo social, desde la economía hasta la política. Pero en la cultura actual, conformada por emociones, se sugiere que el humanismo cristiano es una entidad sin esperanza. A la fe cristiana se la caracteriza como pobre, ineficiente, apenas un «sentimiento» más. Y, por ende, se considera que reflexionar sobre su magnitud no es sino una opresión sutil de grupos fundamentalistas. La verdad no es más que lo que podemos decir según lo que sentimos.

Nuestro entorno se ha deconstruido, y las secuelas de esta operación han socavado hasta las iglesias. Una deconstrucción que, como señala irónicamente el escritor estadounidense Stanley Fish, nos ha liberado de la obligación de tener razón... ya solo se requiere que uno sea interesante. ¿Qué significa que Dios se encarne en la Navidad? Apenas una cuestión cultural. La festividad de la Navidad se convierte en una construcción ideológica que oculta el dilema de la existencia. Dado que se han deconstruido la persona, la verdad y la realidad, se comparte, de forma lúgubre, la sentencia de Foucault: la razón es el lenguaje fundamental de la locura. Las predicciones acerca de la desaparición de la memoria del Cristo encarnado han sido reiteradas. Borrar la Navidad. Se ha esperado a Godot, aunque esa espera ha sido, repetidamente, infructuosa. Se ha deseado al Estado salvador, o la resurrección de las clases desposeídas, o la puesta en marcha del paraíso de los trabajadores, o bien la construcción de una sociedad desestructurada. El cambio revolucionario inminente, que se encontraba a punto de suceder. En la actualidad, ese Godot es la democracia, que se ha transformado en un auténtico dogma religioso. La democracia, se argumenta, no se demuestra como un teorema, sino que se debe creer en ella, como un acto de fe. Es la salvación. La desazón sigue. El paradigma democrático no satisface. Se ha olvidado que el verdadero fundamento procede de Cristo. Lo cristiano de lo humano no es un *complemento* de nuestra naturaleza. Entre lo natural y lo sobrenatural no existe un abismo insalvable. Nuestra libertad se juega en la historia humana, y en esa historia entra el Verbo de Dios, haciéndose hombre. El Hijo del Hombre es el Hijo de Dios Padre y está junto con el Espíritu Santo. Vive, muere y resucita después de establecer su reino entre nosotros y asegurar a los pocos que lo siguen que estará con ellos hasta el final de los siglos. El entorno profano, en el que construimos nuestra existencia, es, por eso, bueno. El humanismo cristiano es ese. La posibilidad de edificar la ciudad terrena con la Gracia que viene de lo alto. Ese es el humanismo auténtico.

Sobre el autor

Filósofo, catedrático y diplomático. Nació en Asunción, Paraguay, y reside en los Estados Unidos desde hace varias décadas.

Es licenciado en Filosofía y abogado por la Universidad Católica Nuestra Señora de la Asunción, donde ejerció la docencia por muchos años. Ha realizado posgrados en Derecho Natural en la Universidad de Navarra, España. Es máster en Filosofía Moral por el Holy Apostles College de Connecticut y en Teología Pastoral por la Universidad Ave María de la Florida. Es doctor en Filosofía por la Universidad de Kansas, especializado en Filosofía Política e Historia de las Ideas con énfasis en América Latina. Ha participado en congresos de filosofía en las Universidades de Berkeley (California), Princeton (Nueva Jersey), Notre Dame (Indiana), Chicago (Illinois), Emory (Georgia), Universidad de San Francisco (California), Universidad Católica (Washington D. C.).

Ha participado en numerosos congresos internacionales de filosofía y derecho constitucional en Monterrey, México (1986); Quito, Ecuador (1989);

La Plata, Argentina (1990); Bucarest, Rumania (1996); Viena, Austria (1998); San Juan de Puerto Rico (2007), Bogotá (2006) y Medellín (2008), Colombia; Santiago de Chile (2010); San José de Costa Rica (2011); Ciudad de México (2012); Cartagena de Indias, Colombia (2013); Lima, Perú (2014); Río de Janeiro, Brasil (2015); y La Habana, Cuba (2016).

Actualmente se dedica a la docencia y la investigación y es columnista del diario *Última Hora*, de Asunción. El Cuerpo Consular de Kansas City le confirió el título de cónsul general emérito.

Otros libros de Mario Ramos-Reyes

Filosofía y pensamiento democrático: reflexiones personalistas sobre la realidad política. CEADUC, 1996.

Ética y Filosofía. Ensayos dispersos. CEADUC, 2005.

La República como tarea ética. CEADUC, 2009.

Los que se fueron. CEADUC, 2014.

Filosofía para tiempos misteriosos. Intercontinental Editora, 2022.

En búsqueda de la República: ensayos de un transterrado. Intercontinental Editora, 2023.

La nostalgia de una Nueva Cristiandad. Intercontinental Editora, 2024.

The Nostalgia for a New Christendom. En Route Books and Media, LLC, 2025 (en prensa).

www.ingramcontent.com/pod-product-compliance
Lightning Source LLC
Chambersburg PA
CBHW060352050426
42449CB00011B/2945